CONTENTS

第 1 号

2023年 4月2日

待望の今季初本塁打はバックスクリーンに飛び込む特大弾。直前にホームランを放ったトラウトに続き、2者連続となった

日本中が熱狂したWBC決勝からわずか2週間弱。野球界を背負って立つ怪物の今季第1号となる136m弾は、開幕3戦目の第3打席に飛び出した。アスレチックスの左腕ケン・ウォルディチャック(25)が投じた128km/hの膝元に食い込むスライダーは見逃せばボールだったが、大谷は完璧に捉えてバックスクリーンに運んだ。ホームランキングへの道のりは、ここから始まった。

開幕直後の大谷は、投手としても一層の輝きを見せた。3月30日の開幕戦では勝ち星こそつかなかったものの6回を投げて2安打無失点、4月5日のマリナーズ戦では6回1失点で今季初勝利を記録した。4月の被打率はなんと.102、一度も敗戦を喫することなく無傷で4勝を挙げた。決め球の真横に大きく滑る「スイーパー」に、打者は為す術なしといった様子だった。

「開幕投手より、WBCの最後、クローザーでいった時のほうが緊張した。あの場面をこなせたのはプラスじゃないかな」

と投手としての成長を自己分析した。

打者として調子を上げたのは、6月だった。先発登板した27日のホワイトソックス戦では、自らを援護する2本のホームランを放ち、30日のダイヤモンドバックス戦では'15年以降のエンゼル・スタジアムでは最長となるライトへの約150・3m特大弾で30本に到達。打率も3割台をキープし、確実性と長打力を併せ持つ最強打者へ進化を遂げた。

第2号

2023年 4月3日

2試合連発。マリナーズの若手右腕ジョージ・カービーから放った打球速度177km/hの痛烈な当たりに、打った直後から確信歩きを見せた

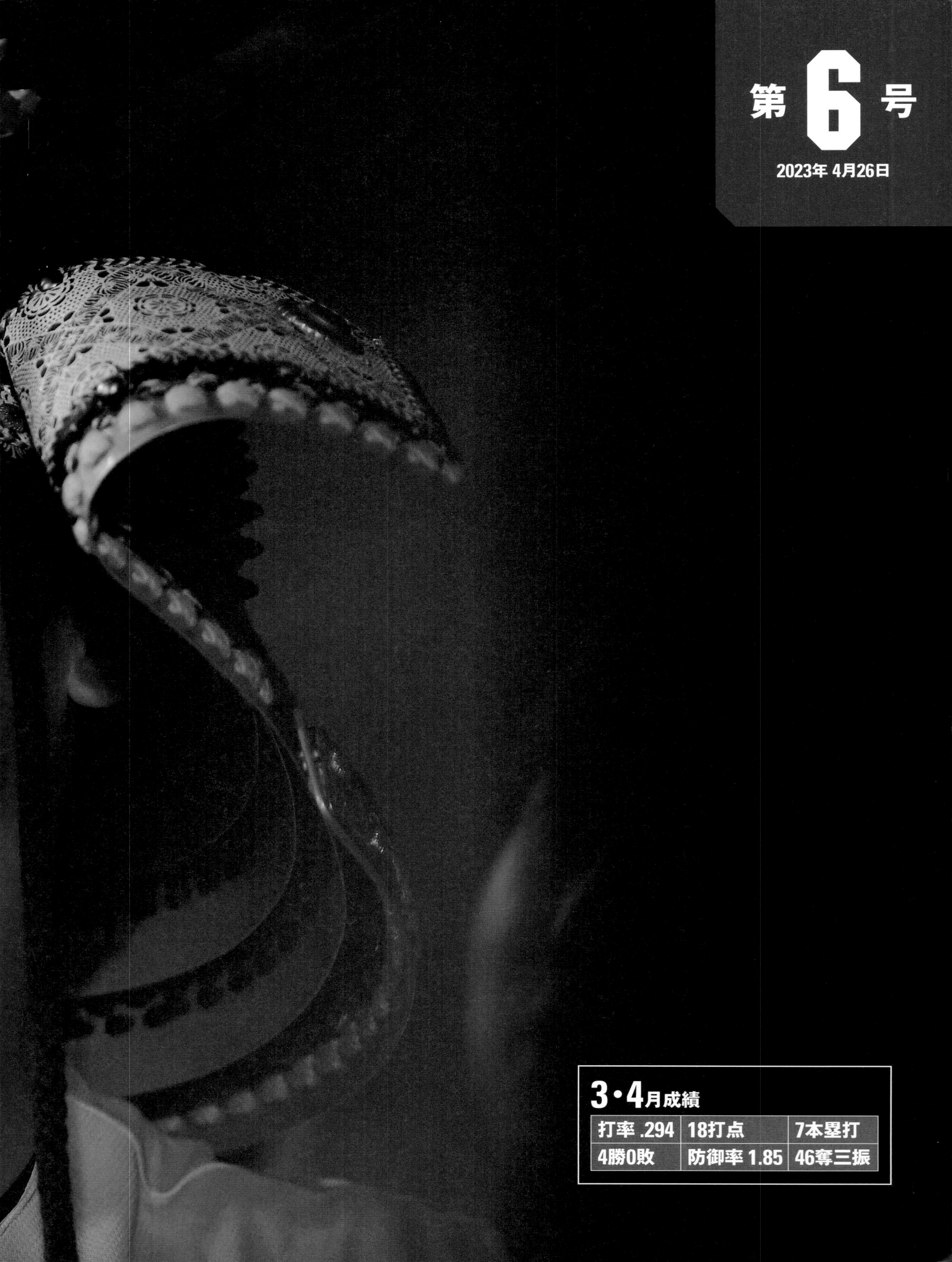

第6号

2023年 4月26日

3・4月成績

打率 .294	18打点	7本塁打
4勝0敗	防御率 1.85	46奪三振

試合を決定づける２ランホームラン。会心の当たりに自分でも興奮したのか兜《かぶと》を被りながらチームメイトと力強くタッチを交わした

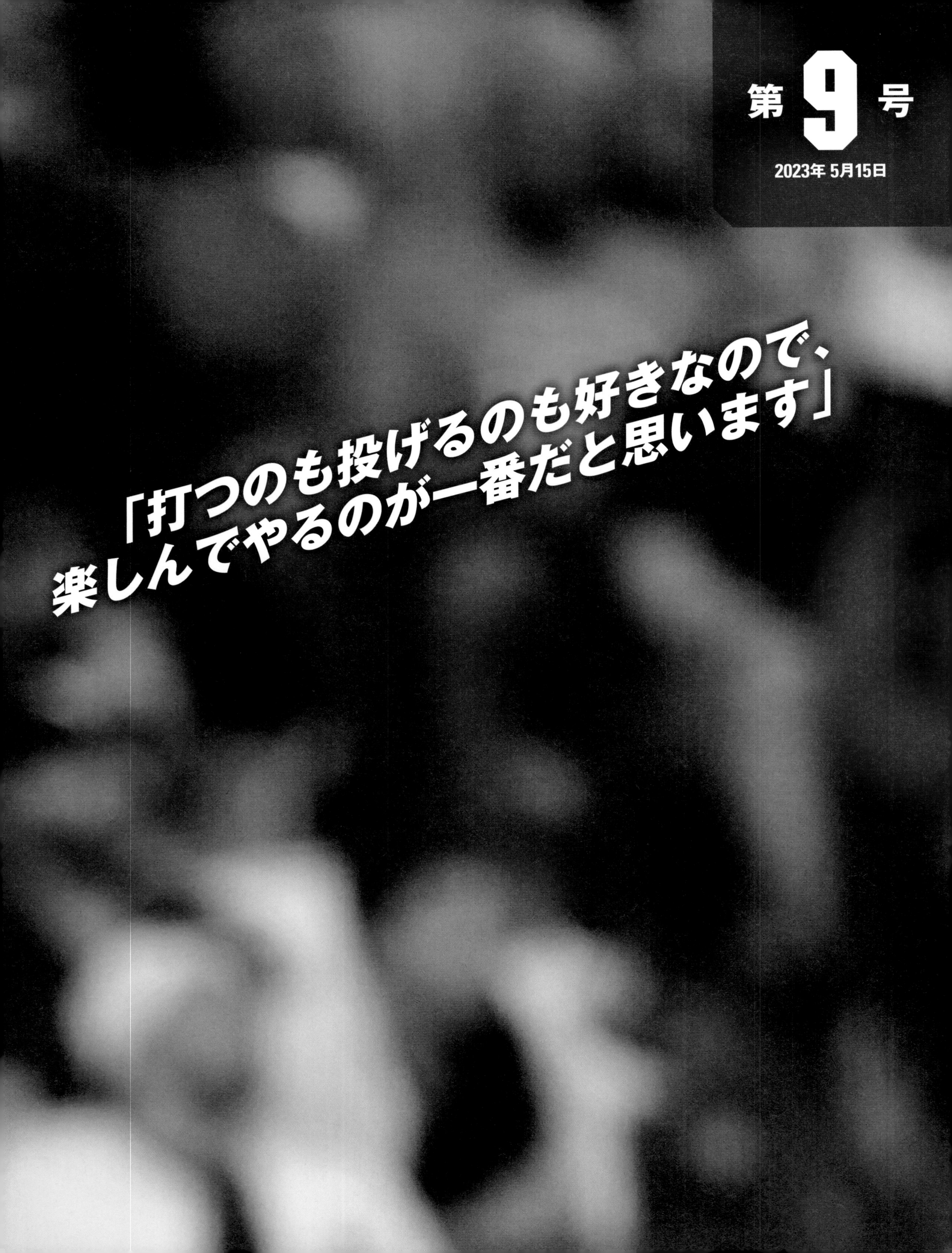

第9号

2023年 5月15日

「打つのも投げるのも好きなので、楽しんでやるのが一番だと思います」

場外寸前の特大弾。ベーブ・ルースの生誕地ボルティモアにあるオリオールパークで、また伝説へと近づいた

第10号

2023年 5月18日

３年連続の２ケタ本塁打をクリア。ネビン監督は「今回の１本は我々にとっても大きかった」と絶賛した

第11号

2023年 5月20日

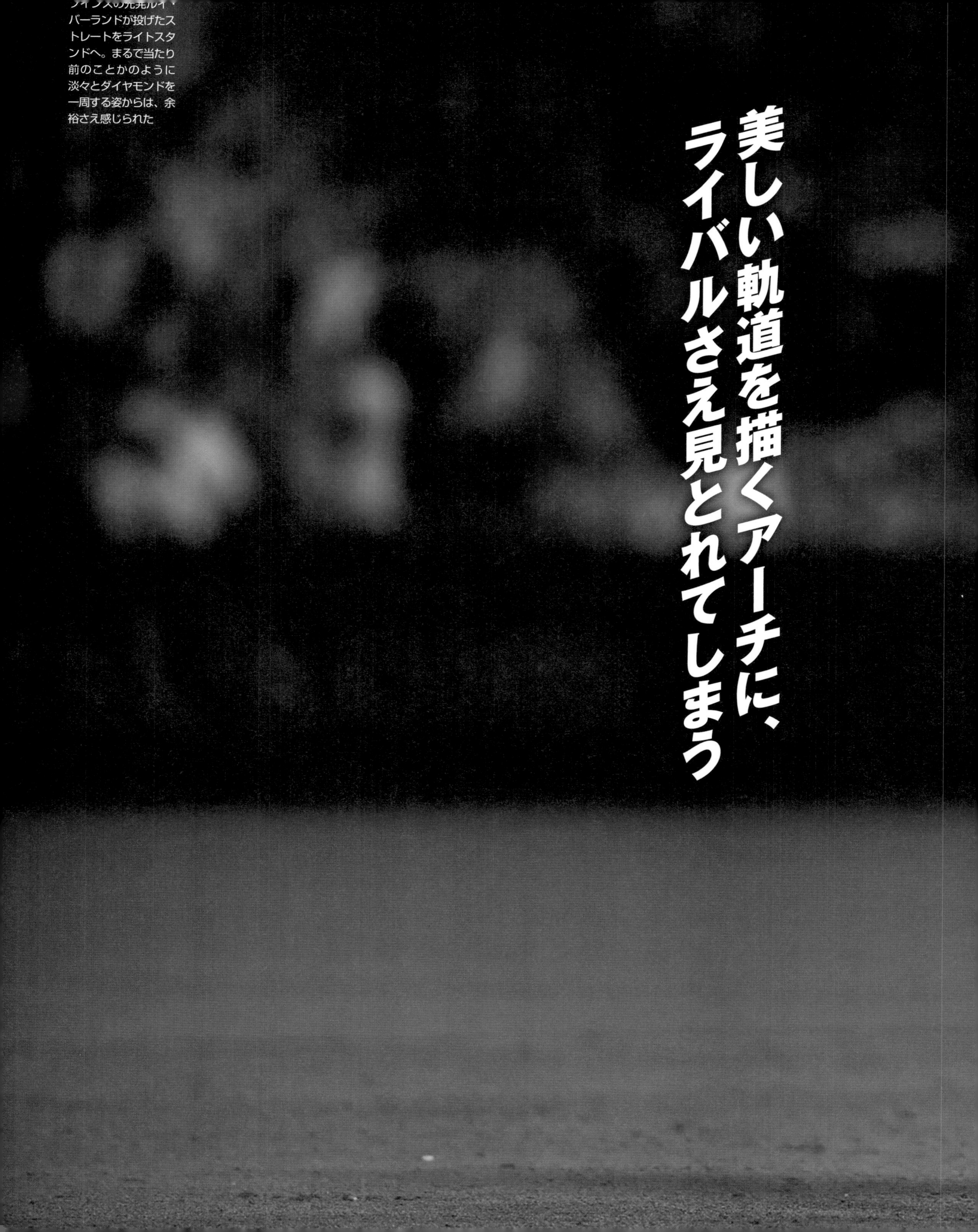

ツインズの先発ルイ・バーランドが投げたストレートをライトスタンドへ。まるで当たり前のことかのように淡々とダイヤモンドを一周する姿からは、余裕さえ感じられた

美しい軌道を描くアーチに、ライバルさえ見とれてしまう

今季15度目の二刀流で見せた
7回12奪三振の熱投

シーズン前半、大谷は昨年の87イニングを大きく上回る100と3分の1イニングに登板。勝利数や防御率は昨シーズンを下回ったが、132の三振を奪い奪三振王のタイトル争いに名乗りを上げた。

4月は投球間の時間を制限する新ルール「ピッチクロック」に苦しんだ。4月5日のマリナーズ戦、4番カル・ローリー㉖の打席で、制限時間の20秒以内に投球動作に入れなかったことで、自動的にボールを告げられたのだ。納得のいかない表情で球審と協議する場面もあったが、そこはさすがの修正力で対応。この試合以降、同ルールで違反を取られることはなかった。

大谷は中5日のローテーションをこなしながら、前半戦被打率.189という数字をマーク。2位のタイラー・ウェルズ㉙に.004の差をつけ、リーグ1位に輝いた。さらに、本塁打や打点でリーグトップクラスの成績を残していたことも相まって、前半戦のア・リーグMVPにも選出されている。メジャー6年目となるシーズンの前半を、最高の形で折り返したのだ。

６月12日、ドジャース戦にて。大谷は防御率や奪三振数など、チームの投手部門では７冠を達成。投手としてもエンジェルスの顔として活躍した

第15号

2023年 5月31日

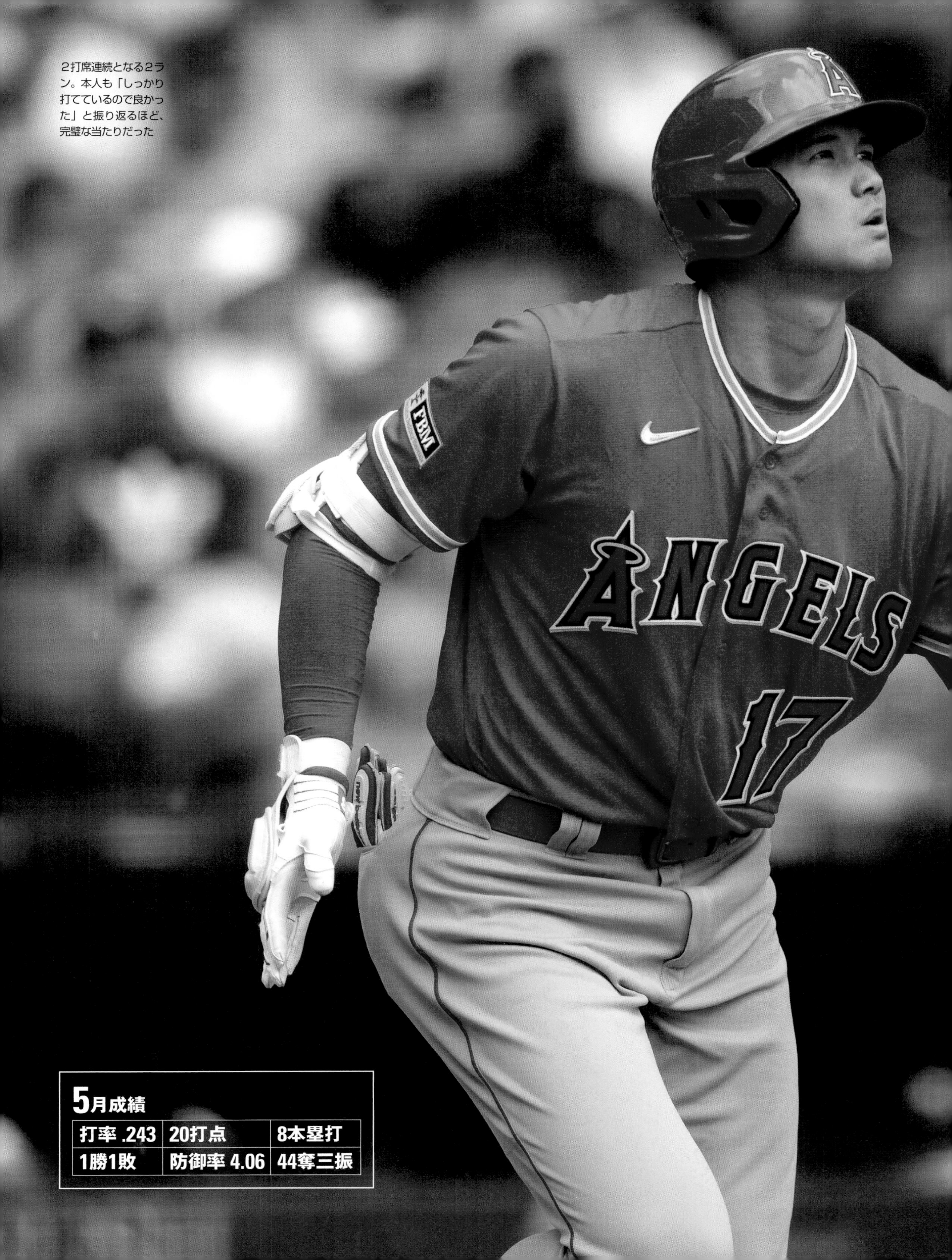

２打席連続となる２ラン。本人も「しっかり打てているので良かった」と振り返るほど、完璧な当たりだった

5月成績

打率 .243	20打点	8本塁打
1勝1敗	防御率 4.06	44奪三振

第19号
2023年 6月12日

「ドヤ顔」さえ画になる男

レンジャーズのグラント・アンダーソンのツーシームを捉えた打球は、センター左側の2階席にまで到達した

第20号

2023年 6月12日

延長12回に放った勝ち越し2ラン。値千金となる1発に満足気な様子で、ベンチでチームメイトとじゃれあった

第21号

2023年 6月14日

ドジャースのウィル・スミスが投じた150km/hの速球を捉えた1発。ホームラン王を争うアーロン・ジャッジに、2本差をつけた

第22号

2023年 6月15日

外角スライダーを完璧
に捉え、打った瞬間に
確信歩き。ホームラン
王に向けて独走態勢に
入るきっかけとなった

第23号
2023年 6月17日

メジャー通算150号!!

メジャー通算150号となった23号ソロ。メジャーリーグ6年目での150本到達は日本人選手として最速だ

第25号

2023年 6月23日

両リーグ単独トップとなる25号は、右中間に飛び込むソロホームラン。日米通算200号本塁打を達成したが、大谷は「明日201号を打てるように頑張ります」と冷静だった

日米通算200号!!

ANGEL
17

第26号
2023年 6月26日

打球速度181km/hを記録した驚異の特大アーチ。チームは勢いづき、9回裏に劇的なサヨナラ勝ちを果たした

第27号

2023年 6月27日

第１打席で先制ソロホームランを放つ。この日は投手としても７勝目を記録し、リアル二刀流で大活躍をみせた

YOUR PERFECT COMBINATION
PECHANGA
RESORT CASINO
PROUD PARTNER
SINCE 2005
OHTANI
17

第30号

2023年 6月30日

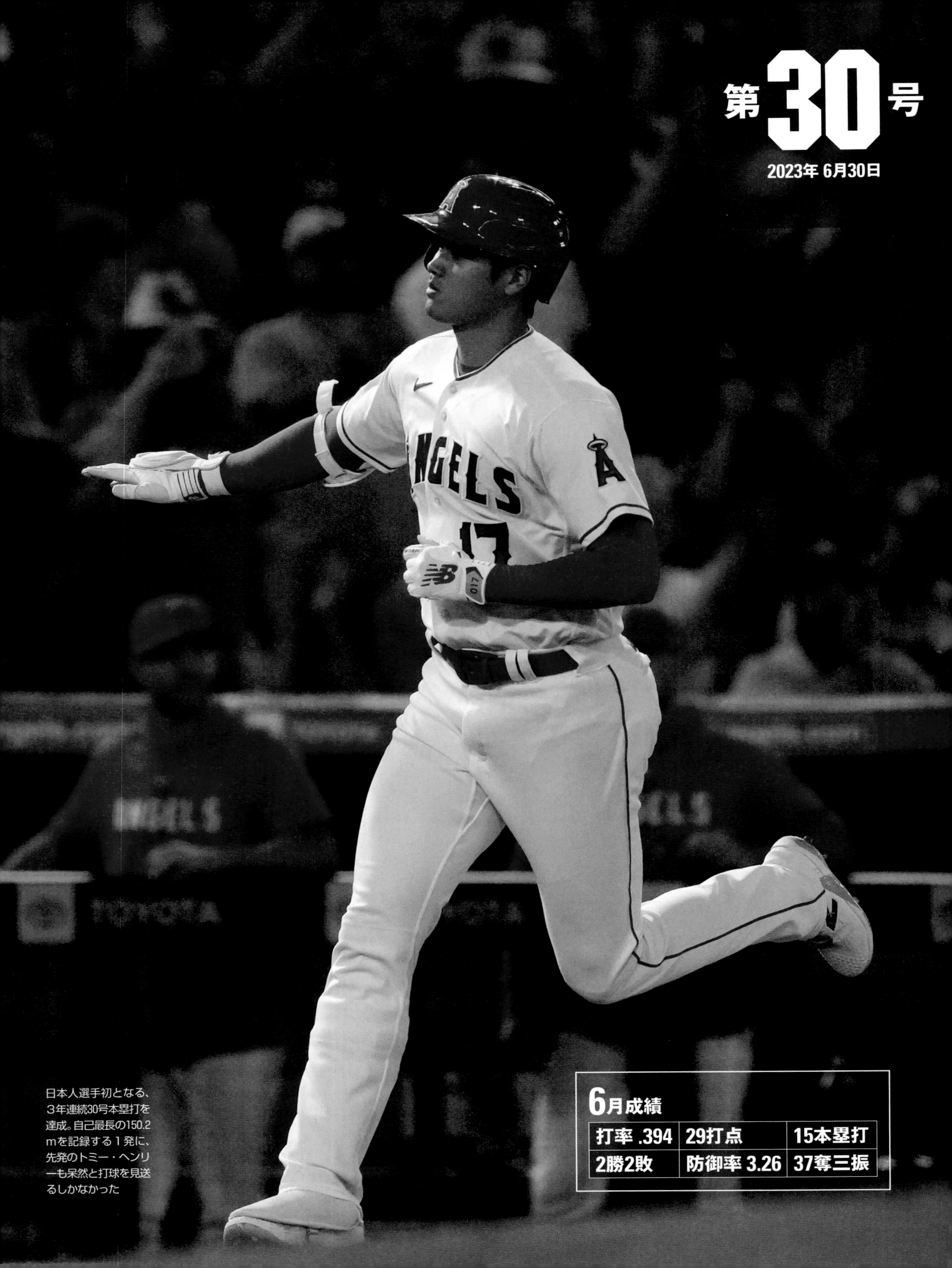

日本人選手初となる、3年連続30号本塁打を達成。自己最長の150.2mを記録する1発に、先発のトミー・ヘンリーも呆然と打球を見送るしかなかった

6月成績

打率 .394	29打点	15本塁打
2勝2敗	防御率 3.26	37奪三振

本塁打ランキングを独走、打率も3割超え！
今年の打者・大谷はなぜ、
長打力と確実性を両立できたのか？

スイング、構え、打球、盗塁、三振――

徹底分析してわかった
「怪物の神髄」

昨季よりも腰を落とす構えが奏功し、打率向上と本塁打量産に成功。ノンステップ打法もお手のものだ

6月時点で5度も打撃妨害によって出塁した大谷。バットが長くなったことも、原因の一つかもしれない

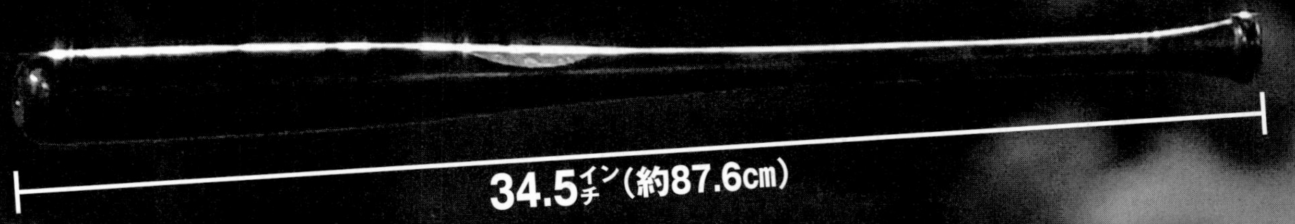

6月までに30本！ 絶好調の秘密
〝1インチ〟の微調整が効果アリ

ホームラン量産を可能にした究極のバット

この男はまだ成長するのか。エンゼルス・大谷翔平(29)が6月10日に放った第18号本塁打は、球界を驚愕させた。3点を追う3回裏、マリナーズのウー(23)が投じた内角低めのスライダーを完璧に捉え、ライトスタンドに突き刺したのだ。

「見逃せばボールです。あの難しい球をホームランにしてしまったのですから、相手チームからすれば打ち取る術がありません。前半戦は'21年に記録した46本に迫る勢いで本塁打を量産しました」(スポーツ紙デスク)

好調の裏には、今シーズンから取り入れた〝変化〟がある。スポーツライターの友成那智氏が明かす。

「4月まではなかなか飛距離が出ず、フェンスギリギリのホームランや、最後に失速してしまう打球が多かった。そこで、5月中旬から、少し腰を落として下半身の力がバットに伝わりやすくする構えに変更したんです。その結果、代名詞である135m級の特大ホームランが増えてきた。実は大谷はこうしたマイナーチェンジを頻繁に行っています」

プロ通算474本塁打を誇る野球解説者・田淵幸一氏は、大谷のタイミングの取りかたとトップの位置に注目している。

「彼のバッティングの引き出しは3通りあります。基本は、右足をステップせずにかかとでタイミングを取る。調子が悪くなったり、長打が減ったりすると、足をわずかに上げる。タイミングの取りづらい投手の場合はすり足で打つこともあります。この使い分けができているのが、今季の好調の要因でしょう。また、構える際の手の位置を状況に応じて変えている。重心を低く、トップの位置は高くすることで、スイングの遠心力が増してホームランが出やすくなるのです」

大谷の今季最大の〝変化〟は、バットだ。昨季まで使っていた33・5インチ(約85・1㎝)から、34・5インチ(約87・6㎝)に変えている。田淵氏や王貞治氏、落合博満氏など、球史に名を刻む強打者たちが愛用してきた「規格外」のバットで、当然、扱いは困難になる。

「たった1インチの違いでも、アスリートにとっては大きな差。バットを長くすると、アウトコースを流してレフトスタンドに放りこみやすくなる反面、インコースのボールへの対応が難しくなる。ただ、今シーズンの大谷は、そこにも完璧に適応しました。ホームラン王になるのも納得ですよ」(田淵氏)

大谷が新たに手に入れた愛刀から放った美しいアーチに、ファンは熱狂した。

今シーズンからニューバランスと契約を結んだ。スポンサー収入も推定51億円と、メジャートップの数字だ

今年はホームランだけじゃない！ 打率も四球数も向上
ポイントを近くして逆方向へ

「構えの変化」がスラッガーを飛躍させた！

6月18日。敵地・カウフマンスタジアムで迎えた第3打席、大谷翔平は、ロイヤルズの200勝投手ザック・グリンキー(39)が投じた誘い球、アウトコースのチェンジアップを悠々と見送った。カウント3ボール2ストライク。続く6球目、甘く入ったカーブを大谷は見逃さずに捉え、爆発的な打球音とともに放たれた188・5㎞／hの白球は、瞬く間にライトスタンドへ消えていった――。

6月の大谷の打棒は火を噴いていた。打率は4割近くに達し、27試合で15本塁打、29打点。出塁率と長打率を足し合わせたOPSは1・444だった。0・8以上あれば好打者と言われている中でのこの数字は、驚異的と言わざるを得ない。

この〝覚醒〟の理由を、メジャーリーグ経験者の藪恵壹氏はこう分析する。

「構えの際に少しだけ右足をオープンにしたんです。こうすることで今までよりもボールをよく見て、近いポイントで打つことができ、選球眼を向上させることができました。並の打者ならポイントを近くすることで差し込まれるリスクが上がりますが、大谷には関係ない。規格外のスイングスピードとパワーがあるから、ギリギリまでボールを見極めてからでもスイングが余裕で間に合う。少々振り遅れても、逆方向に持っていけるんです。その証拠に、19〜23号は全てセンター から左に打球が集まっていた。もはや『ライトへ引っ張って飛ばす』なんて意識は消えていたと思います」

WBCでMVPに輝き、名実ともに世界一の野球選手になっても、二刀流の天才は変化をいとわずに躍進を続けた。

空振りまで美しい！

実は、「三振の質」も凄いんです

頭を圧迫させないためか、大きめのヘルメットを被っている大谷。空振りして脱げてしまう場面もミスターを連想させる

遡ること約半世紀、「ミスタープロ野球」長嶋茂雄のフルスイングとずり落ちるヘルメットが、国民を魅了していた時代があった。

「あの人は三振さえ画《え》になった。アウトになったのに、ファンもチームメイトも敵も、長嶋さんに見惚れてしまうんだ。そんな男はもう出てこないよ」

当時のチームメイトは本誌にかつてこう語ったものだが――〝そんな男〟が現れた。大谷翔平である。

「今シーズンの大谷は、150個近い三振を記録しました。迷いのない豪快なスイングで空振りし、少年のように悔しがる大谷の三振には、ホームランや盗塁、ピッチングにも負けない魅力があります」（スポーツ紙デスク）

打率3割をキープしながら、100を超える三振を喫する。不可解にも思えるこの現象に、大谷のスゴさが隠れている。

「通常の選手なら、三振を避けるために追い込まれるとバットを短く持ったり、コンパクトなスイングになったりする。ところが大谷は、打つべき球を最後まで待ち、読みが外れても自分のスイングに徹し、無理に当てに行こうとしない。

だから相手投手は、『紙一重で三振を取れただけで、タイミングは合っている』と考え、恐怖心から同じ攻め方を避けるようになる。結果として甘い球が増え、本塁打や打点を量産することができるのです。大谷の三振は美しいだけでなく、相手チームに圧をかける恐ろしい技術でもある」（通算403本塁打の山﨑武司氏）

積み上げてきたホームランの裏に、大谷の「質の高い三振」の貢献があったことは、疑いようのない事実なのだ。

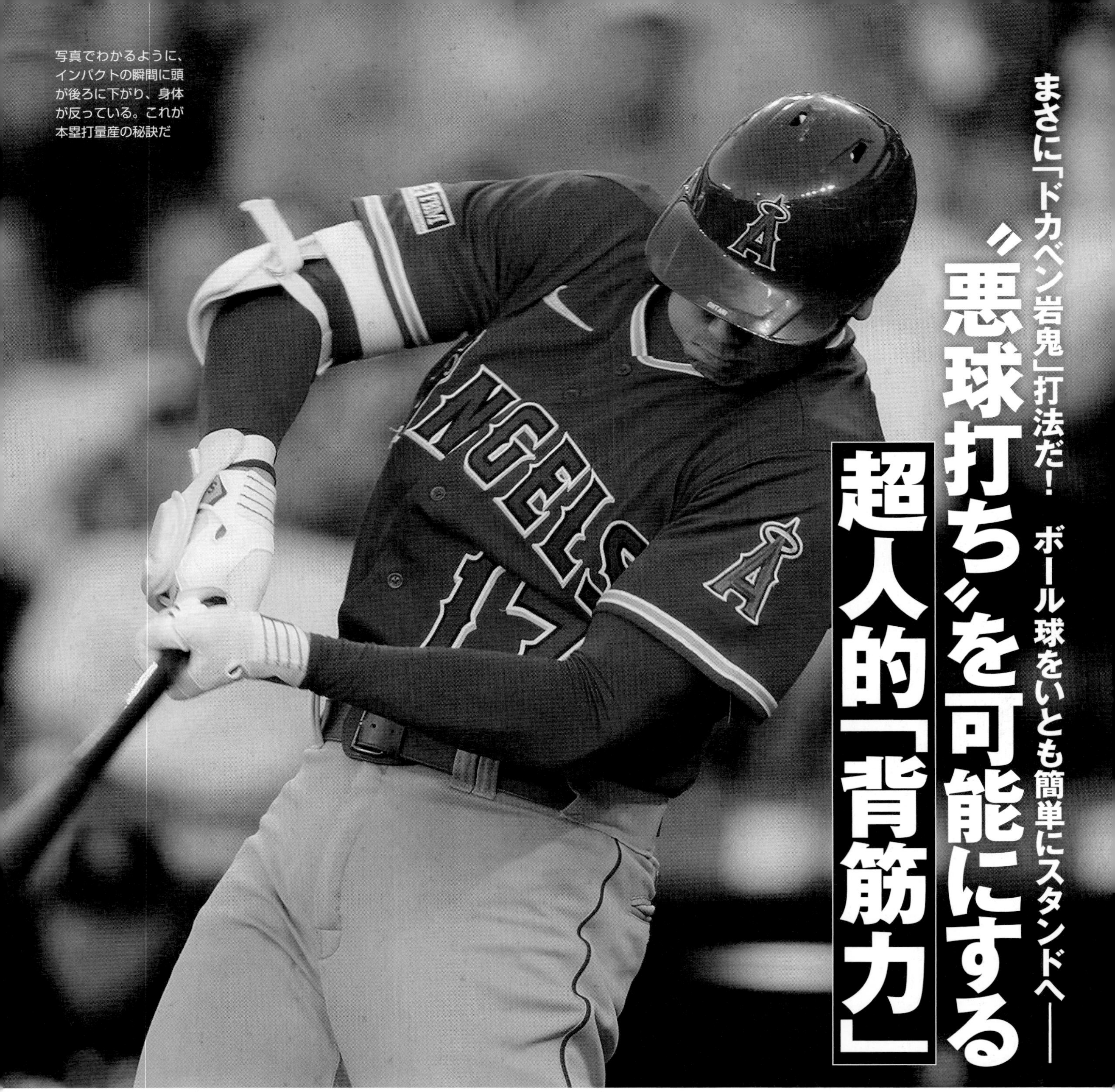

写真でわかるように、インパクトの瞬間に頭が後ろに下がり、身体が反っている。これが本塁打量産の秘訣だ

まさに「ドカベン岩鬼」打法だ！ ボール球をいとも簡単にスタンドへ――

〝悪球打ち〟を可能にする超人的「背筋力」

「ストライクでもないのに!!」

6月23日、大谷の放った今シーズン25号、日米通算200号を目の当たりにした現地解説者は、こう絶叫した――。

試合後、打たれたロッキーズの左腕カイル・フリーランド(30)は記者に対し、「あのクソボールをホームランにしてしまう人間は、地球上で大谷翔平だ一人だよ……」と脱帽した。

「6月10日に打った18号も悪球でした。今年は、ストライクゾーンから遠く外れた球さえもホームランにしてしまう。まるで『ドカベン』の岩鬼正美ですよ。もっとも、岩鬼は悪球しか打たないのに対し、大谷は甘い球も見逃しませんから、大谷のほうがはるかにいいバッターなんですが（笑）。これまでも、まるで漫画みたいな活躍を続けてきた大谷ですが、『悪球打ち』まで再現してしまうとは驚きです」（スポーツ紙デスク）

実はこの悪球打ち、決して〝偶然〟に起きたわけではない。大谷がNPB時代、そしてメジャー挑戦後からコツコツと積み重ねてきた努力の末に勝ち取った、高等技術の結晶なのだ。

「彼はホームランを打つ時、身体を後ろに倒します。インパクトの瞬間に、微妙に頭を後ろに下げて、のけぞっているような姿勢になる。すると、身体とボールの間に距離ができて両ヒジが伸び、打球に力が伝わりやすくなる。だから、内角も高めも、ボール球も打てるわけです。これは巨人やヤンキースで活躍した松井秀喜(49)などとも共通するスラッガー特有のフォームですが、この打ち方をするには、人並外れた背筋力が必要です」（野球解説者の田淵幸一氏）

バットを長くしたことで内角の対応が不安視されていたが、ボール球さえスタンドに運ぶ驚きの対応力を見せた

実際、大谷の背筋力はすさまじい。自身のインスタグラムでは、トレーニングルームでデッドリフト（床に置かれたバーベルをヒザの上まで持ち上げ、広背筋や下半身を鍛える種目）に取り組む様子を公開。自身の体重の2倍を超える約225kg（日本人男性の平均は70kg）を軽々と持ち上げる大谷に、ファンもメディアも驚愕した。

野球評論家の小早川毅彦氏は、この圧倒的なパワーを示す象徴的なシーンが、冒頭の25号だったと話す。

「いくら上手く打ったとはいえ、内角のボール球ですから、当たったのはバットのかなり根本寄りの部分。球場がボールの飛びやすい高地であったことを差し引いても、117mの飛距離を生み出せるのは大谷だけでしょう。

大谷のフィジカル面での成長は、悪球打ちを可能にするだけでなく、ピッチャーとしての平均球速の向上にも表れました。'21年に平均153・8km／hだったストレートが、爪のトラブルやマメ、右ヒジ靭帯の怪我に苦しむ前のシーズン前半は平均156・4km／hと、2年間で2・6km／hも上がったのですから」

節目となる200号を放っても、「明日、201号が打てるように頑張ります」とだけコメントした大谷。無論、ストライクゾーンに来る球も見逃さず、ファンが待つスタンドへ白球を放り込み続けた。悪球打ちを可能にする背筋力があれば、甘い球をスタンドに運ぶのは造作もないということなのだろうか。

今季新たに手に入れた「岩鬼打法」を武器に、大谷は日本人史上初の栄冠を手にしたのだった。

ホームラン王もスゴいけど……

「怪物の神髄」〝三塁打王〟こそメジャー最強打者の証だ！

前半戦のラストゲームとなったドジャース戦（現地時間7月8日）の3回表、大谷は2番手投手のマイケル・グローブ(26)が投じたストレートを強振！ 白球は凄まじい勢いで右中間を切り裂いた。ライトを守るムーキー・ベッツ(30)が処理にもたついているのを確認した大谷は、一気にギアを上げて三塁へ到達——。わずか11・67秒の出来事だった。

「同日に打った第32号ホームランにはさすがの一言しかありません。しかし現地記者が驚いているのは、むしろ三塁打のほうなんです。去年、62ホーマーを放って本塁打王を獲得したアーロン・ジャッジ(31・ヤンキース)はシーズン前半で33本塁打を記録しましたが、スリーベースは0本。一方、今季の大谷は8本で、前半戦でリーグトップに立ちました。この事実が意味するのは、大谷がパワーとスピードを兼ね備えた最強の打者だということでしょう」（スポーツ紙デスク）

公称で95kg、実際には100kg以上とも言われる鋼の肉体を操り、シーズン2ケタ盗塁をコンスタントに記録する大谷は、打者単体として見ても稀有な存在だ。

プロ野球選手の指導経験を持つ、関メディベースボール学院チーフトレーナーの藤田真悟氏はこう話す。

「あれほど手足が長くて身体の厚みがあれば、通常はギクシャクした走り方になってしまう。しかし、大谷からはそれが全く感じられないんです。ほかに日本人でそんな選手はいません。あの動きの滑らかさを解き明かすヒントは、登板時に行っている、重いボールを壁に当てるトレーニングにあります。おそらく、インナーマッスルを鍛える狙いがあるのでしょう。

打球を遠くに飛ばすにしても、足の回転を速くするにしても、出力を上げるためのアウターマッスルが必要ですが、それを最大限に活かすには関節の動きをコントロールするインナーマッスルも重要。ただ筋肉をつけるだけでなく、バランスを考えながら、計画的に鍛えています」

投手・大谷のルーティンが、最強打者・大谷の誕生につながっていた。二刀流という神の領域に君臨する存在だからこそ、成し得た神業。それが、大谷をリーグ屈指の「三塁打メーカー」たらしめている。

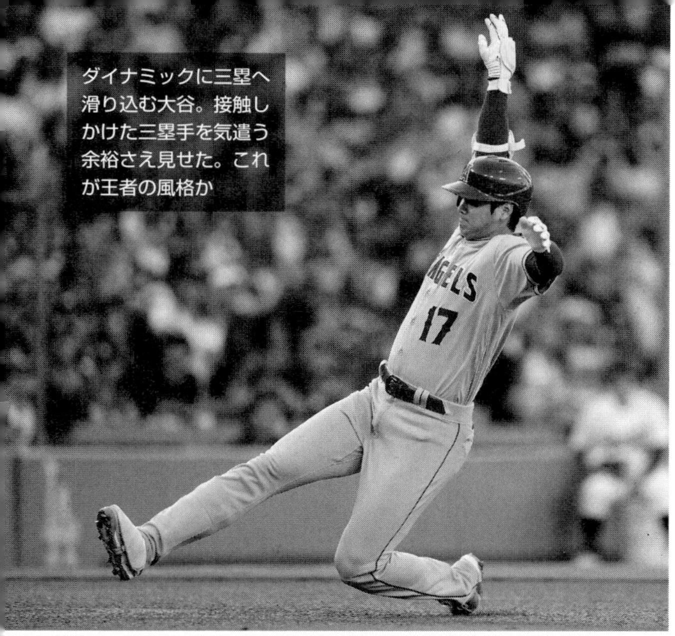

ダイナミックに三塁へ滑り込む大谷。接触しかけた三塁手を気遣う余裕さえ見せた。これが王者の風格か

2番、3番、そして1番と頻繁に打順が変わっていた今季の大谷。ネビン監督の起用法にも注目が集まった

二刀流だからできる「唯一無双の盗塁術」

本塁打量産の裏でスチールも激増　走ってもスゴいんです！

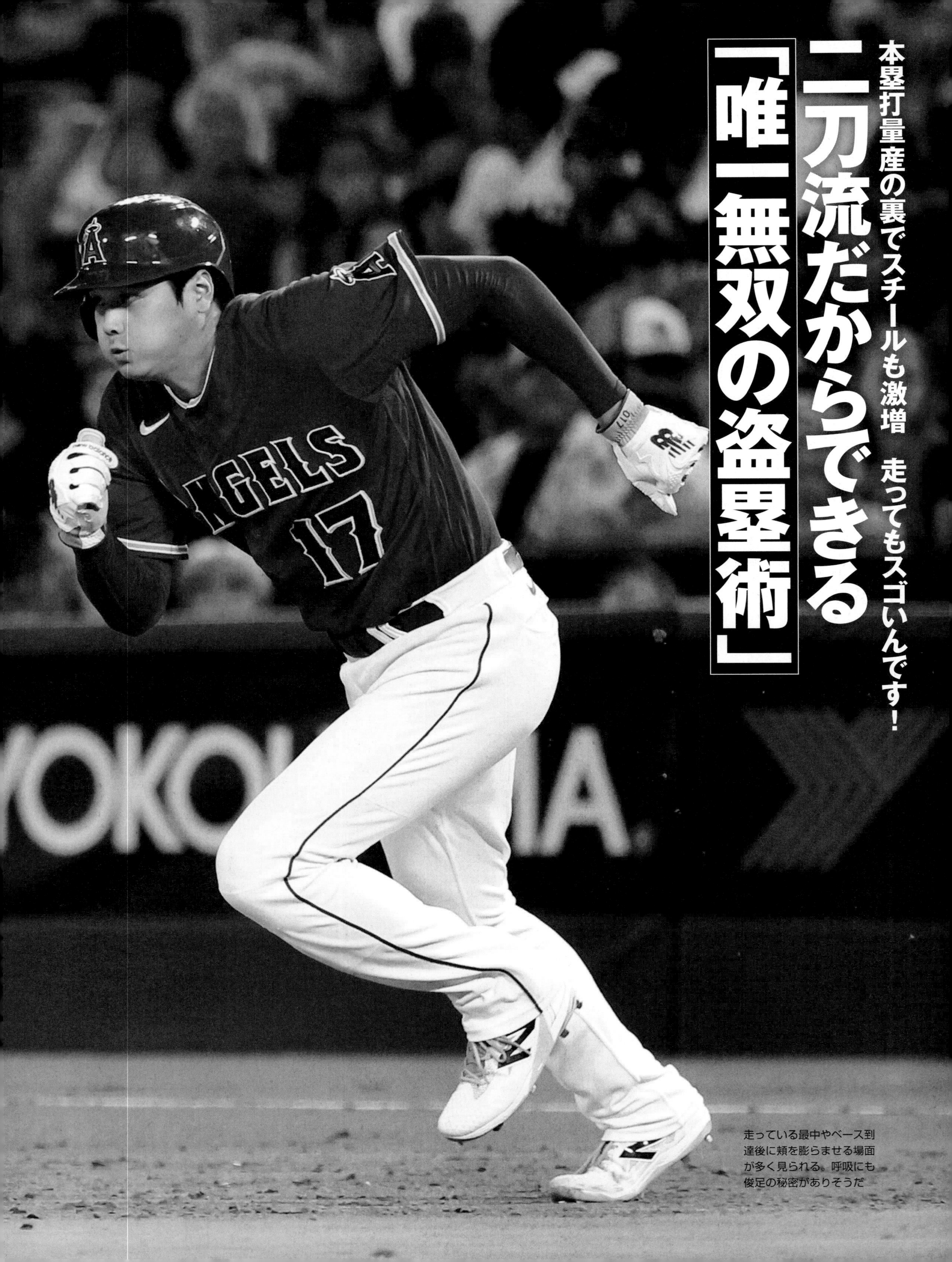

走っている最中やベース到達後に頬を膨らませる場面が多く見られる。呼吸にも俊足の秘密がありそうだ

'21年には平均の一塁到達速度がメジャー最速を記録したこともある。この男に弱点はないのだろうか……

8月13日に行われたアストロズ戦で9試合ぶりとなる41号ホームランを放った大谷は、試合終了間際の9回にも球場を沸かせた。

リーグ最多となる今季75個目の四球で出塁すると、アストロズのリリーフ投手、ラファエル・モンテロ(32)のモーションを盗み、二塁へスタート。'18年にエンゼルスで大谷の女房役を務めた強肩捕手のマーティン・マルドナード(37)が刺しにかかったものの、大谷は悠々とベースを陥れ、送球がセンター方向へ逸れたのを確認すると、三塁へ到達したのだ。

9月3日のアスレチックス戦では今季20個目となる二盗を決め、チーム内盗塁王の座を守り続けた。

「身長193㎝、体重は100㎏超えの巨軀でこれほどの盗塁数を記録すること自体が驚異的ですが、さらに驚くべきはその精度です。26回チャレンジし失敗はわずか6。成功率は約77%となっています。一般的に盗塁は70%の確率で成功すればよいとされています。単純には言えませんが、大谷が盗塁巧者であることに間違いはありません」(スポーツ紙デスク)

NPBで盗塁王のタイトルを獲得した経験を持つ野球解説者の高木豊氏は、「大谷が二刀流の選手だからこそ、盗塁の成功率も上がっている」と分析する。

「投手として活躍し、豪快な本塁打を放って悠々とダイヤモンドを一周する姿が印象的で、相手バッテリーに警戒されづらい。他の俊足の選手に比べ、隙が生まれやすいんです。逆に隙のないときは無理に走らない。この高度な野球IQによる『見極め力』が盗塁の精度につながっています。

スタートを切るタイミングも素晴らしい。投手心理を誰よりもよくわかっている大谷のことですから、マウンド上の相手投手を見れば牽制が来るか、ホームに投げるかを察しやすいのでしょう。身体が大きいのにスタートを切ってからすぐにトップスピードに乗ることができるのは、160㎞/hを投げるために鍛えてきた身体が生み出す爆発的な瞬発力があってこそです」

最強打者の宿命か、今季は歩かされることが多かった大谷。盗塁がストレス解消に一役買っていたのかもしれない。

「怪我さえなければもっと活躍できたはずなのに」と言われるが、本塁打王に2ケタ勝利は、史上類を見ない偉業だ

メジャー初完封を達成し、打っては2打席連続ホームランの7月27日
本塁打キングと2ケタ勝利の原動力に迫る――

〝投打無双フォーム〟を徹底分析

「超進化の秘密」

「I'm finishing!」

7月27日に行われたタイガース戦、8回まで相手打線を無失点に抑えた大谷は、ネビン監督にこう直訴したという。

「オレが終わらせます」

志願の続投をした大谷は、この試合でメジャー初完封を達成する。

凄まじいのはピッチングだけではない。初完封を遂げた約45分後に始まった、ダブルヘッダー第2試合。大谷は37号＆38号と、2打席連続本塁打を放ったのだ。

「翌日のブルージェイズ戦でも39号を打ち、3打席連続弾となりました。このときの大谷は手がつけられない状態でしたね。ブルージェイズ戦では、相手野手が『なんで（投手に）オオタニと勝負させたんだ』と監督に抗議したほどです」（スポーツ紙担当記者）

この活躍の裏には、精神面的な安定が関係していたようだ。

「トレード期限が迫り、移籍の噂で落ち着かない日々が続いていたでしょうが、試合前にエンゼルスが正式に大谷の残留を発表しましたからね。本人も『最後までこのチームでプレーオフを目指してがんばりたい』とコメントしていました。もっとも、その願いは叶いませんでしたが……」（同前）

〝投打無双〟の大谷。年々、「超進化」を遂げる秘密はどこにあるのだろうか。動作解析の専門家で筑波大学・体育専門学群準教授の川村卓氏がそんなファンの疑問に答える。

「投打ともにムダが減り、力みのない動きになっています。以前は身体全体を使おうという意識が強かったのか、投手としては腕の振りが必要以上に大きかっ

投手 効率的コンパクトなフォーム

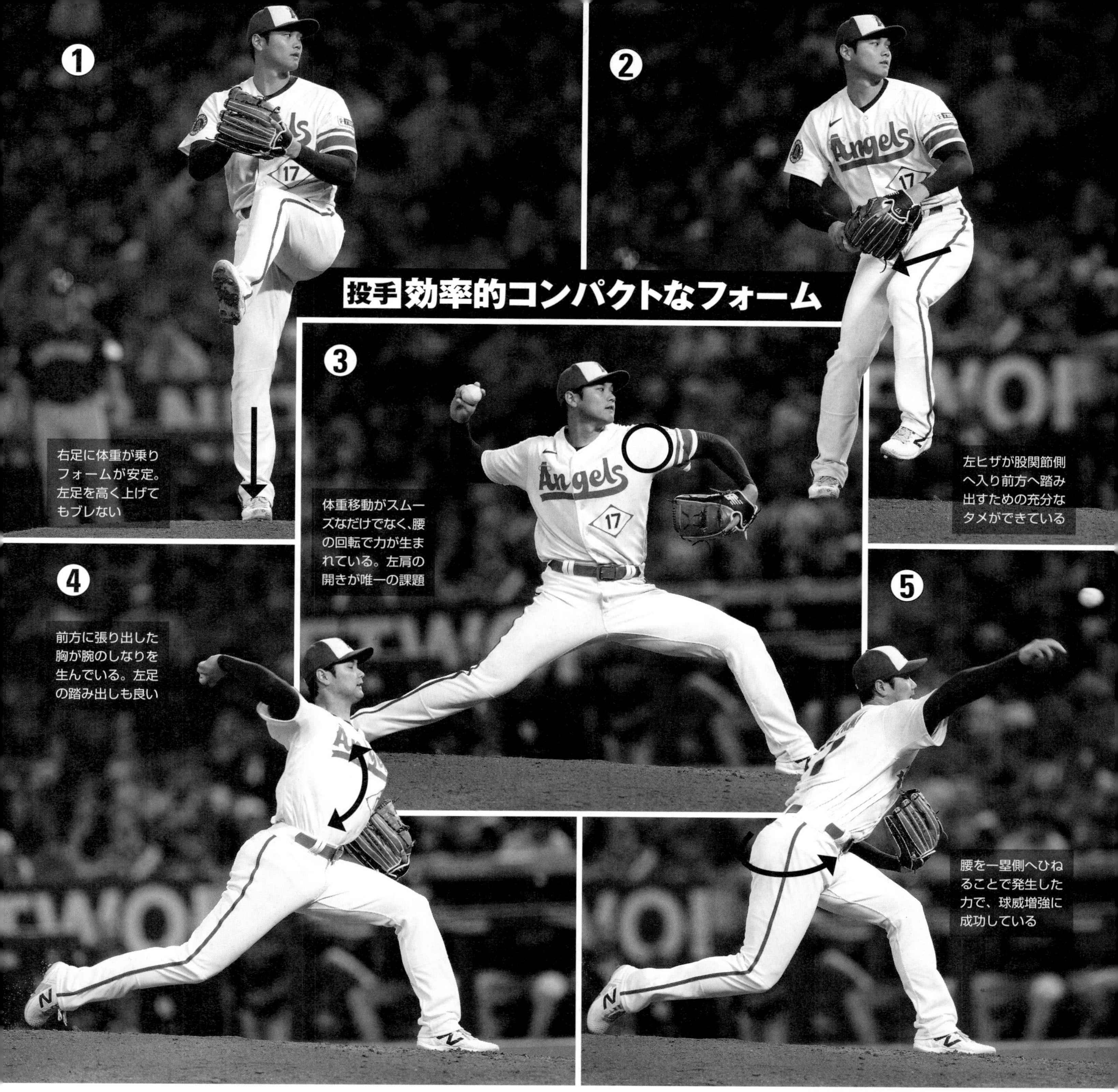

①
右足に体重が乗りフォームが安定。左足を高く上げてもブレない

②
左ヒザが股関節側へ入り前方へ踏み出すための充分なタメができている

③
体重移動がスムーズなだけでなく、腰の回転で力が生まれている。左肩の開きが唯一の課題

④
前方に張り出した胸が腕のしなりを生んでいる。左足の踏み出しも良い

⑤
腰を一塁側へひねることで発生した力で、球威増強に成功している

た。打者としても本塁打を狙うあまり、力みながら強振して体勢を崩す場面が多く見られました」

ポイントは「移動と回転」

今季の投打それぞれのフォームから、大谷の超人的なパフォーマンスを解析したい。まずは投球から（以下、発言は川村氏）。

「①の写真で見てとれる今シーズンの大谷の変化は、右足にしっかり体重が乗っていることです。そのため左足を高々と上げても、フォームがブレていません。②では左ヒザが股関節側に入り、打者方向へ左足を踏み出して下半身の力を上半身に伝えるためのタメができています。昨年までは軸足に体重が乗りきらず、重心が沈み込むケースが見られた。一度沈んでから重心を上げると、動きにムダが出てスムーズな投球はできません。ところが、今季は下半身を重点的に強化したためか、軸足がほとんどブレていなかったんです」

投球の後半で川村氏が注目するのは、腰の回転だという。

「体重移動がスムーズな投手は大勢いますが、大谷のように腰の回転でボールに力を伝えることがうまい選手は少ない。投手が力強いボールを投げるために、重要な二つの要素は『移動と回転』です。大谷は上手に③から⑤にかけ一塁方向へ腰をひねり、ブレない軸足により発生した力に、より強さを加えています。そのためコンパクトな腕の振りでも、球威のあるボールを投げられるんです。来季の登板は難しいかもしれませんが、投手として復帰予定の’25年以降のために課題を

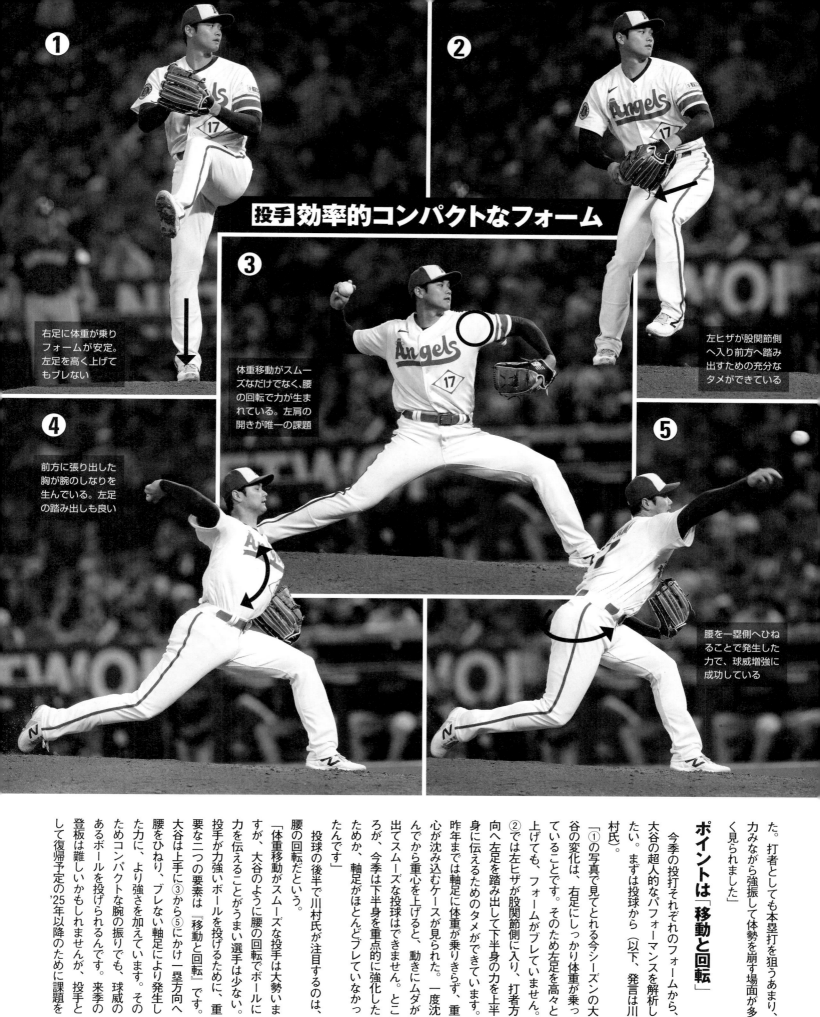

打者 お尻の「スイング」で強打

①今季はグリップの位置が低い。ミートを心がけている意識の表れだろう

②お尻をコマのように「スイング」させることで打球に大きな力が加わる

③大谷は頭部の位置がほとんど変わらない。軸がブレず打撃フォームが安定している要因だ

④右肩の開きをガマンすることで、効率的に身体全体の力がボールに伝わる

⑤合理的な動きをすれば、自然とフォロースルーも大きくなり打球が飛ぶ

挙げるとすれば、③で左肩の開きがやや早く、ボールが抜けてしまうリスクがあることでしょうか」

お尻をスイングさせる

次は打撃フォームの解説だ。

「始動のポイントとなっているのは、グリップの位置です（①）。本塁打を量産し始めた6月中旬以降は、さらに低い位置になりミートを心掛けているのがわかります。昨季までは本塁打狙いでスイングが大きかった。その分、穴も多く投手は長打さえ警戒していれば攻めやすかったでしょう。しかし今季はミート力が上がったため、弱点が極端に少なくなりました。投手は投げる球がなくなり、痛打を食らうケースが増えています」

②以降で注目すべきは、投球フォーム同様に腰の使い方だ。

「単に腰の位置を投手方向へ移動させるのではなく、お尻をコマのように『スイング』させ打球に強い力を伝えています。腰を回転させてもフォームが安定しているのは、高さの変わらない頭部（③）と開かない右肩（④）によるもの。身体の軸がブレないことで、バットをミートポイントまで最短距離で出すことができて、効率的に振れている。自然とフォロースルーも大きくなり（⑤）、打球を遠くへ飛ばせています」

シーズン後半に続いた怪我の影響で、惜しくも夢の3割60本と2ケタ勝利とはならなかったが、2年連続の2ケタ本塁打、2ケタ勝利というメジャー史上初の偉業を成し遂げた。

ファンも驚く成長を続けた大谷。超進化は投打のフォームに現れていた。

打球角度19度&180km/hの衝撃

超高速&低弾道ライナーの「極意」を解き明かす

インパクトの瞬間でもボールをしっかりと見続ける。頭の位置がズレずにスイングできている証拠だ

「ゴルフボール以外に、あんな軌道の打球は見たことがない――」

エンゼルスのフィル・ネビン監督(52)は、自慢の主砲・大谷が放った36号本塁打をこう絶賛した。

「打球角度は19度と低弾道だったのでセンターライナーかと思ったのですが、あっという間にスタンドに着弾しました。打球速度は180km/h以上で、滞空時間はわずか4秒、しかもスライスしながらセンター左奥へ……。これまで見たことがない軌道のホームランでした」(スポーツ紙デスク)

低弾道、超高速の白球が、左方向へ逃げていく――。この異質な打球を分析すると、大谷の〝ホームラン王〟たる所以《ゆえん》が浮かび上がってくる。

「大谷はバットがしなりながら内から出てくる。そうすることでヘッドが返らず、バットとボールの接触時間がコンマ何秒か長くなる。インパクトの瞬間に、バットの上でボールをこする感覚です。凄まじいスイングスピードで潰されたボールは、強烈なスライス回転で飛んでいく。守っていたセンターが目測を誤ったのも頷けます」(野球評論家の得津高宏氏)

超人的な打球を生み出すカギは、他にもある。

「日本人離れしたパワーも要因の一つではありますが、技術的に重要なのは、『押し込み』でしょう。ボールを捉えてから、左手でさらにグッと力を加える。そうすることで打球速度はもちろん向上しますし、ちょっと詰まったり、芯から外れたりしても、フェンスオーバーをすることができるんです」(同前)

大谷は、打球の質まで超人的なのだ。

誰よりも勝利に飢えている大谷だが、結局今季もポストシーズン進出は叶わなかった。悔しさを滲ませた表情からもまた、プロとしての矜持が感じられる

テレビじゃ見られない！
大谷翔平「スターの素顔」

ベンチ裏で魅せた最高の笑顔に
高校時代の秘蔵写真、
本誌が捉えた貴重な私服姿も

オールスターゲームのレッドカーペットショーに登場。洗練されたスーツの着こなしで〝大谷シルバー〟と話題を呼び、日米のファンは熱狂した

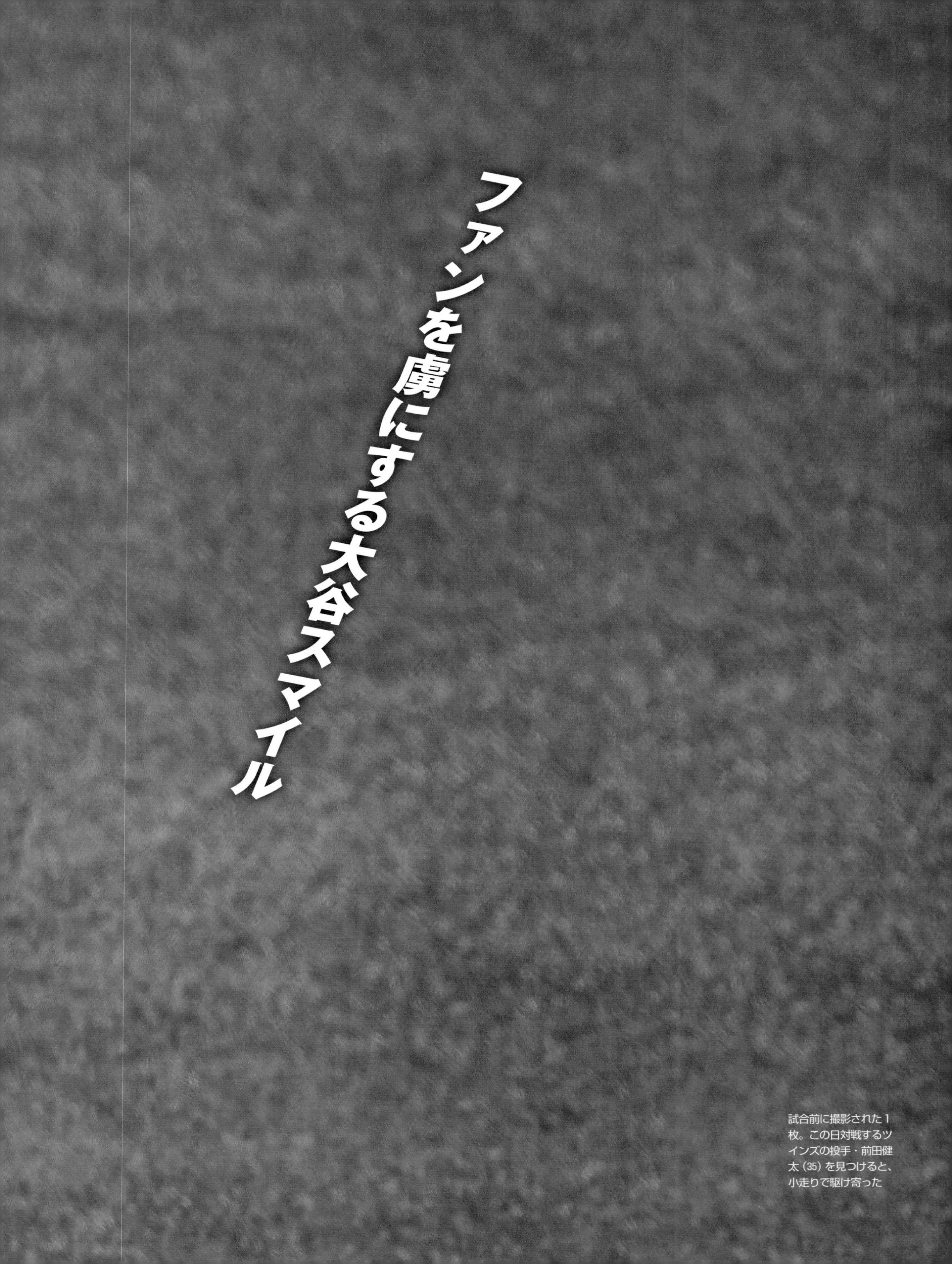

ファンを虜にする大谷スマイル

試合前に撮影された1枚。この日対戦するツインズの投手・前田健太(35)を見つけると、小走りで駆け寄った

ANGELS
new balance

４月12日は今季初の出番なしに終わった。それでもベンチで全力でチームを鼓舞する姿から、大谷の一流選手たる所以が感じられた

８月22日のレッズ戦、ベンチで珍しく沈んだ表情を見せる。疲れがピークに達する夏場。この翌日の試合では、腕の疲労によって途中交代を余儀なくされた

春季キャンプでのストレッチ。ブルペンで大谷の投球を受けた捕手のオハッピーは、「彼の投球は今まででベストだった」と絶賛した

８月29日フィリーズ戦前にダグアウトを歩く。後ろに置かれた兜はもはや、大谷のためにあるともいえそうだ

８月26日のメッツ戦で。少し呆れたような表情に見えるのは、この日シーズン18度目の申告敬遠を受けたからか

専属通訳の水原一平と
試合前に談笑。二人は
一緒に食事に行くな
ど、プライベートでも
深い関係を築いている

チームメイトに謎のジ
ェスチャーを送る。こ
の日のカブス戦では5
試合連続安打を記録
し、昨年からカブス入
りした鈴木誠也に〝先
輩〟の貫禄を見せつけた

9月3日のアスレチックス戦で、10勝・40本塁打・20盗塁を達成。メジャー史上初の快挙にも、本人は謙虚な姿勢を崩さなかった

9月3日に行われたアスレチックス戦、大谷は自身2度目となるシーズン40本塁打・20盗塁を達成。またひとつ偉業を成し遂げたが、野球以外でも話題を集めていた。9月11日、アメリカの老舗週刊誌『ピープル』が発表した「生きている中で最もセクシーな男2023」にノミネートされたのだ。

「大谷はアスリート部門4人のうちの1人。結果は11月8日に発表されます。受賞すれば、大谷の名前は野球ファン以外にも広まりますね」（地元紙記者）

甘いマスクと8頭身のスタイルを活かし、「HUGO BOSS」のアンバサダーを務める大谷。グラウンド外の素顔にも注目が集まるが、その生活は質素そのもの。

「推定年収約90億円にもかかわらず、アーバインにある家賃約50万円の一軒家を拠点にしているようです。休日も遊びに繰り出すことは少なく、スマホゲーム『クラッシュ・ロワイヤル』をプレーしたり、『呪術廻戦』や『キングダム』など人気漫画を読んだりしてリラックスすることが多いといいます。

大谷がインドア派なのは、一日10時間以上の睡眠を確保し、コンディションを整えるため。もともとクレープ好きを公言するなど甘いものに目がないようですが、現在は体のために脂質と糖質を控え、パスタを塩のみで食べることもあるなどさすがのストイックさです。

外出時は、いつも通訳の水原一平氏と行動します。2500万円超の愛車『ポルシェタイカンターボS』も、水原氏が運転することが多いようです」（同前）

大谷の行動は全て野球に繋がっている。

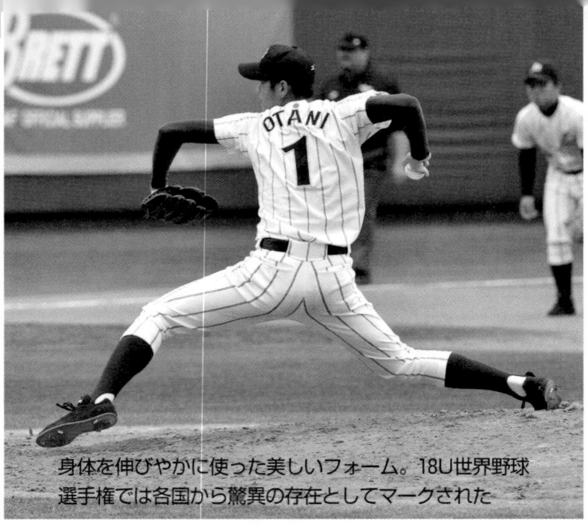

身体を伸びやかに使った美しいフォーム。18U世界野球選手権では各国から驚異の存在としてマークされた

'12年８月、高校日本代表の練習後の秘蔵写真。驚異の肉体を持つ怪物にも、線の細い高校球児時代があった

PHOTO▶霜越春樹

「第1巡選択希望選手、北海道日本ハム、大谷翔平、投手、花巻東高校」

'12年10月25日午後5時17分、ドラフト会場にどよめきが起こった瞬間、18歳のスターは降りしきる雨の中キャッチボールで汗を流していた。部室に戻り日本ハムからの1位指名を聞かされると、「分かりました」とだけ答えたという。

当時の大谷はメジャーで勝負したい意向を示していた。実際、ドジャースからは入団後2年間専属通訳をつけるなど、新人としては破格の条件を提示されていたという。

今の活躍を考えれば、日米で争奪戦が繰り広げられたのも当然だろう。

'12年のドラフト会議当日に撮影。自らの名前が呼ばれた際も、花巻東高校のグラウンドで練習していた

PHOTO▶村上庄吾

「自分はピッチャーだという気持ちも捨てずに、しっかりやっていきたい」

後に二刀流として無双する男はこの時、ある葛藤を抱えていた。'12年8月、大谷は18U世界野球選手権で4番の重責を担っていたのだ。しかし本人は、投手よりも野手として評価されていることに頭を悩ませていたようで……。

「何が何でも投手というわけではないんですが、野手としてプロ入りすると、もう後戻りできない。ピッチャーとしての体作りをしながら、あとはチームの意見を参考にして考えていきたいです」

この時、投手としての道を諦めていれば二刀流は存在しなかった。

18U世界野球選手権の舞台、韓国で撮影された貴重な1枚。無邪気な笑顔は、10年経った今も全く変わらない

PHOTO▶霜越春樹

'13年、寮のある鎌ヶ谷のコンビニから出てきた瞬間。棒アイスを1つ買い、満足気な表情を見せた

PHOTO▶等々力純生

'21年、都内のトレーニング施設にて。帰り際には見送りのスタッフに手を振るなど、律儀な姿勢を崩さない

PHOTO▶西原秀

試合前の屈託のない表情。この日（6月12日）のレンジャーズ戦で放った20号ソロでヤンキースのアーロン・ジャッジを抜き、本塁打数1位に躍り出た

レッドソックスとの試合前、笑顔でサインに応じる。メジャーのスーパースターは、子どもたちの憧れの的だ

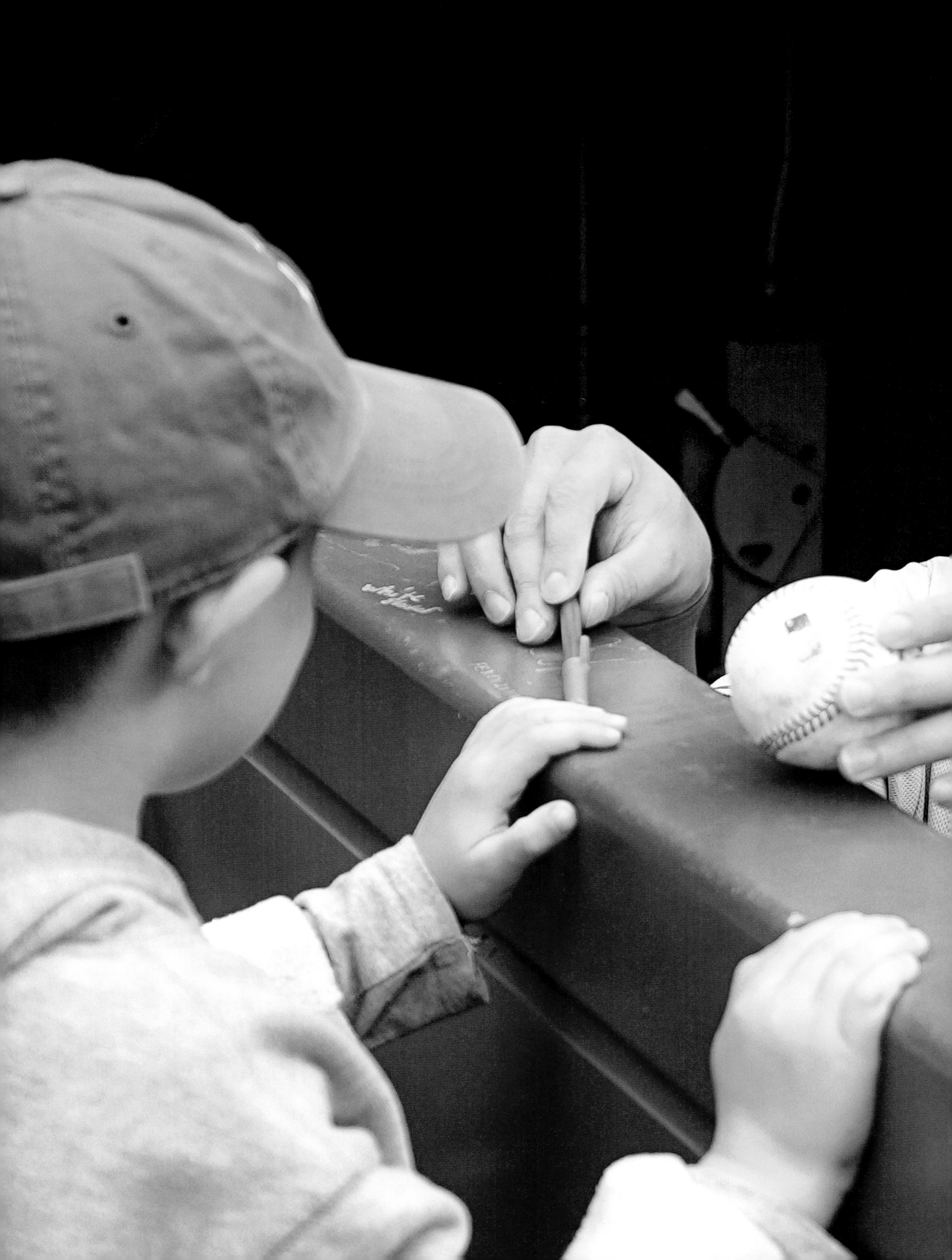

第31号

2023年 7月2日

全てが順調に思えた球界の至宝が迎えた試練のとき——大谷翔平のシーズン後半は、苦難の連続だった。打者としては7月2日の31号を皮切りに打率・282、9本塁打、14打点、OPS1・152の好成績で月間MVPに輝いたが、同月4日のパドレス戦でマメができた影響で緊急降板。27日に行われたタイガースとのダブルヘッダー第2戦では、38号ソロを放った直後に腰の辺りを気にする仕草を見せながらダイヤモンドを一周した。1試合目には投手としてメジャー初となる完封劇を見せただけに、疲労を心配する声が挙がったのだが……。

翌日の28日も両脚の痙攣で終盤に退いたことで、ファンの懸念は現実のものとなった。唯一無二の二刀流としてWBCから異次元の活躍を続けてきた大谷の体が、悲鳴を上げていたのだ。

8月23日、エンゼルスのペリー・ミナシアンGM(43)は、大谷の右肘靭帯に損傷が見つかったことを明かした。その後大谷は登板せず、来季以降の復帰に向けて今オフにトミー・ジョン手術を受けることが濃厚となった。

それでも大谷は打者として出場を続け、本塁打数44を記録してア・リーグの本塁打ランキングを独走。投手ができないなら、バットと足で魅せる——。それがスーパースター・大谷の答えだった。

チームの連敗をストップさせた特大アーチ。被弾したカイル・ネルソンも当たった瞬間にホームランを確信するほどの完璧な当たりだ

第32号

2023年 7月8日

オールスター前最後のホームラン。低めのスライダーを完璧にすくい上げ、劣勢だったチームの雰囲気を変えた

第33号

2023年 7月15日

３点ビハインドの９回に飛び出した速度約166km/h・飛距離123mの反撃の一発。中継カメラも打球の行方を見失うほどだった

17

第34号

2023年 7月16日

完全なボール球も、楽々とスタンドへ運んでしまう

２試合連続となる一打。完璧な当たりに、アストロズのリリーバーであるメイトンは打球を見送らずお手上げ状態だった

2点を追う7回に放った2ランホームラン。被弾したヤンキースのマイケル・キングも「素晴らしい」と脱帽……

第35号

2023年 7月17日

第36号

2023年 7月23日

打球角度19度の超低空弾。パイレーツの右腕ミッチ・ケラーが投じた甘い球を見逃さなかった

第37号

2023年 7月27日

ダブルヘッダーの2試合目に放ったホームラン。この日の1試合目では自身初となる完封勝利を達成していた

第38号

2023年 7月27日

「もっともっと大きい声援をもらえたら、嬉しいなと思います」

タイガースとのダブルヘッダーで放った一発。約188km/hのスピード弾は、瞬く間に右翼席へ飛び込んだ

new balance

第39号

2023年 7月28日

ア・リーグで最多奪三振を誇るケビン・ガウスマンを攻略。第１打席初球のストレートを鋭く振り抜いた

7月成績

打率 .282
14打点
9本塁打
2勝2敗
防御率 4.97
29奪三振

第40号

2023年 8月3日

腕の痙攣で緊急降板後、弾丸ライナーをライトスタンドへ。110試合目での40本到達は、球団史上最速だ

10勝達成!!

2023年 8月9日 ［ジャイアンツ戦］

２年連続で10勝を達成。６回まで97球を投げ、被安打３、１失点でマウンドをリリーフ陣に託した

第41号

2023年 8月13日

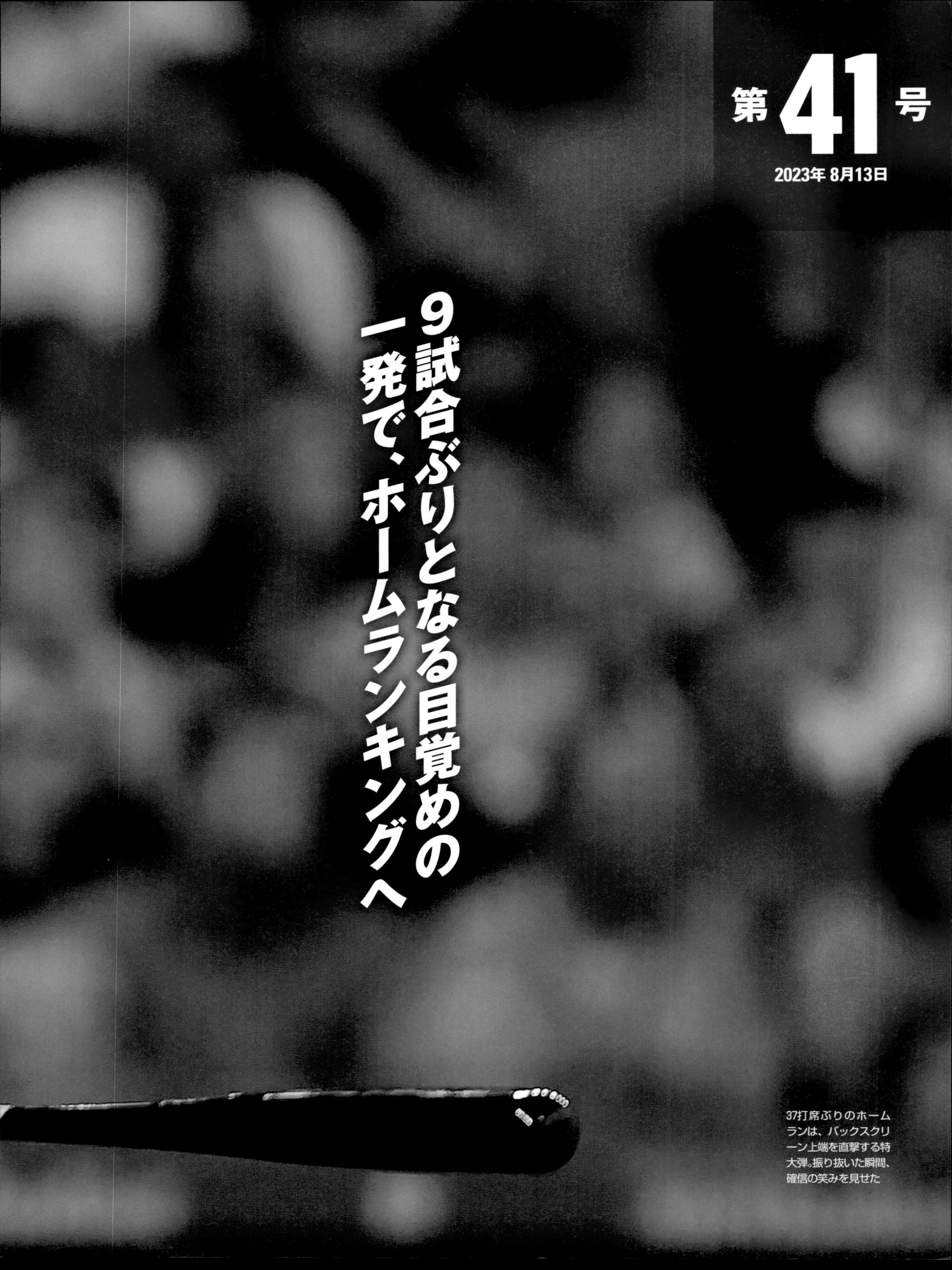

9試合ぶりとなる目覚めの一発で、ホームランキングへ

37打席ぶりのホームランは、バックスクリーン上端を直撃する特大弾。振り抜いた瞬間、確信の笑みを見せた

FBM
17

カウント1ストライクから、高めの直球を一閃。ヘルメットが脱げ、髪をなびかせながらベースを1周した

第42号
2023年 8月16日

通算170本目となった一発は、2戦連発となる満塁弾。打った瞬間、ボールが破壊されたような衝撃音が響いた

第43号

2023年 8月18日

第44号

2023年 8月23日

レッズの先発アンドリュー・アボットの初球を強振。ボールはライトスタンドで待つ日本人ファンの手に届いた

8月成績

打率 .316	14打点	5本塁打
1勝0敗	防御率 0.00	11奪三振

9月3日、アスレチックス戦で二盗に成功。怪我の影響なのか、なかなかホームランが出ない中で、足を使ってファンを魅了した

20 盗塁達成!!

2023年 9月3日 ［アスレチックス戦］

今シーズンの最終成績

投手成績

防御率	3.14	登板	23	先発	23	完投	1	完封	1	セーブ	0
交代完了	0	勝利	10	敗戦	5	ホールド	0	被本塁打	18	奪三振	167
勝率	.667	投球回	132	打者	531	被安打	85	ボーク	0	失点	50
奪三振率	11.39	与四球	55	与死球	11	暴投	12	WHIP	1.06		
自責点	46	QS率	52.2	被打率	.184	K/BB	3.04	無四球	0		

打者成績

打率	.304	試合	135	打席	599	打数	497	安打	151	二塁打	26
三塁打	8	本塁打	44	塁打	325	打点	95	得点	102	三振	143
四球	91	死球	3	犠打	0	犠飛	3	盗塁	20	盗塁死	6
併殺打	9	出塁率	.412	長打率	.654	OPS（長打率+出塁率）	1.066	得点圏	.317	失策	1

彼はずっと怪我と闘っていたし、頑張った。プレーしたがっていた」

9月16日、大谷翔平の今季終了の報を受け、エンゼルスのフィル・ネビン監督は悲痛な面持ちでこう語った。

大谷の右ヒジ内側側副靭帯損傷が判明したのは、44号を放って本塁打王を確実なものとした矢先、8月23日のことだった。それでも大谷は野手としての出場を続けたのだが――。9月4日、今度はゲーム前の練習で右脇腹を痛め、以降の試合を欠場。回復の兆しを見せ、ネビン監督に出場を直訴したこともあったというか、体の違和感を拭うことができずに全体を選択。本人にとっても、首脳陣にとっても苦渋の決断だった。

大谷はそれでも、「今できること」を追求し続けた。負傷者リスト入りが発表された翌日の17日、パーカー姿でベンチに顔を出し、新人内野手のザック・ネト(22)に身振り手振りを交えて打撃のアドバイスを行い、試合前練習の打撃ケージ内ではチームメイトと積極的に情報交換。

自分が出られないなら、その技術を仲間に伝えればいい――。WBCで日の丸を背負った時からずっと、いや、プロになるずっと前から、大谷はそうだった。どんな局面でも前を向き、自分の全てをチームのために捧げる。大谷はそんな男だ。

今季オフにFAとなる大谷。次の契約はメジャー史上最高の総額800億円を超えるとさえ言われているが、どの球団に行っても、必ず「無双の二刀流」としての大谷は戻ってくることだろう。その時まで、大谷が今季に成し遂げた日本人史上初の「メジャーリーグ本塁打王」という偉業を、噛みしめていよう。

SHO-TIMEはまだ続く

二刀流の侍は、これからどこへ向かうのか――

4月3日、マリナーズ戦前に浮かべた笑み。試合前にはイチローと対面し、話を交わす姿が見られた

FBM

しらい・かずゆき／1961年6月7日生まれ。'84年に日本ハムファイターズへ入団。引退後は日本ハムや横浜DeNAなどでコーチに就任。'23年の第5回WBCでは日本代表ヘッドコーチを務め、チームを世界一に導いた

大谷翔平

「どこまでも登り続ける男」

侍ジャパンヘッドコーチ
白井一幸

初めて出会った時、彼はまだ20歳だったと思います。気持ちのいい青年でした。会えば元気に挨拶してくれるし、ゴミが落ちていれば「運がよくなるから」と必ず拾う。当たり前のことかもしれませんが、それをどんな時も怠らずに実行するのは、簡単なことではありません。1を伝えれば10になって戻ってくる。自分で咀嚼《そしゃく》し、実行し、発見し、常に期待以上の成果を出し続けてくれました。でも指導者泣かせですよね。教えなくても、伸びていくのですから。

我々コーチ陣も、常に正しい指導ができるわけではなく、時には間違えることだってあります。

あるコーチが大谷に、「ちょっとスタミナが足りないんじゃないか？　走り込みが必要だな。長距離走って、体力をつけたほうがいい」と言いました。

長距離走で投手のスタミナは養えない、というのが今の常識であり、それより爆発的な瞬発力を鍛えるトレーニングを繰り返し行ったほうが効果的と言われています。もちろんそれを誰よりも理解していたはずなのに、大谷は笑顔で「ありがとうございます！」と応えるのです。私が驚いて「え？　今のアドバイスを実践するの？」と話しかけると、彼はこう言ったのです。

「正しいかどうか、取り入れるかどうかは自分で判断できます。たとえその指導がマッチしなくても、コーチの皆さんは僕に成長してほしくて言っている。僕はまず、その思いに感謝したいんです」

この青年はパフォーマンスも人間性も図抜けている。絶対に大きな舞台で輝く選手になるだろう。私はそう確信しました。その後の活躍は、ここで語るまでもないでしょう。'18年に最後に会ってから、約5年の月日が流れていました。

'23年春、WBC日本代表として大谷は帰ってきました。若い選手からすれば雲の上のスターですし、私にとっても遠い存在になっていました。ところが私を見るや――。

「誰でしたっけ？（笑）」

彼はおどけながらジョークを飛ばしてきたのです。その後もことあるごとに私にちょっかいを出し、体当たりされたこともあります。彼なりの「白井さん、よそよそしいですよ！」というメッセージだったのでしょう。5年の空白は一気に消え去りました。

私が今回の日本代表を「大谷ジャパン」と称したのは、決して誇張ではありません。彼はプレーで、後ろ姿で、そして言葉で、私たちを引っ張ってくれました。

準決勝のメキシコ戦、4回に3点を先制された日本ベンチは重苦しい雰囲気に包まれていました。もしかするとダメかもしれない――。決して諦めていたわけではありませんが、そんな思いが選手たちの頭をよぎっていたのです。そんな中、彼はいつもと変わらぬ明るさで仲間にこう声をかけました。

「そんな簡単に世界一になっちゃったら面白くないんじゃない？　こういうのを乗り越えて獲った世界一に価値がある。さあ、みんなここから行こうぜ！」

一瞬にして選手たちの目は輝き、あの大逆転劇が生まれたのです。

大谷は、日本を世界一に導いても、燃え尽きることはありませんでした。彼の頭の中に満足という言葉は存在しないからです。世界一の野球選手になる――。それが幼い頃からの目的なのだと彼はよく話していました。

「何勝するとか、何本打つとか、数字の世界一も大事なんですけど、それ以上に、僕は世界で最も愛され、応援される選手になりたいんです。一番影響力のあるプレイヤー。それが僕の思う世界一の野球選手です」

だから大谷は、伸び続けるのです。二刀流の侍として野球史上類を見ない偉業を成し遂げ、誰も到達していない高みに登っていてもなお、上へ上へと突き進む。怪我さえ成長の糧とする。そんな男なのだと思います。

今年の活躍はもちろん驚異的なものですが、どこかで「やっぱりそうだよな」と思う自分がいます。WBCでの優勝という目標を達成してもなお、「世界一の野球選手」という最終目的に向かって努力を続けていたから。肉体も技術も、これからさらに進化していくでしょう。どこまでも登り続ける男が野球人生を終えるまで、私はその雄姿を見届けようと思っています。

完《かん》全《ぜん》永《えい》久《きゅう》保《ほ》存《ぞん》版《ばん》
前《ぜん》人《じん》未《み》到《とう》の二《に》刀《とう》流《りゅう》、ついにホームランキングに!
大《おお》谷《たに》翔《しょう》平《へい》「無《む》双《そう》の軌《き》跡《せき》」
BEST SHOT《ベストショット》 2023!!

2023年9月28日第1刷発行

撮影　AFLO《アフロ》、田口有史《たぐちゆきひと》
Chief Editor　若林将人
Editor　中尾颯太
デザイン　ネオドゥー（若月清一郎·朝比奈佳希）
宮田善明
発行者　清田則子
発行所　株式会社 講談社
〒112-8001
東京都文京区音羽2-12-21
TEL　編集 03-5395-3440
販売 03-5395-3606
業務 03-5395-3615
印刷所　凸版印刷株式会社
製本所　凸版印刷株式会社

　ISBN978-4-06-534031-8

KODANSHA